İSRAF ETME BİRİKTİR

Yazan: ELİF ÇİFTÇİ Y...

Resimleyen: EDA ERTEKİN

FLOKİ
Çocuk

Sıcak bir yaz akşamıydı. Melis ve Ege'nin aileleri bahçede çay içip sohbet ediyorlardı. İki arkadaş da oyun oynuyordu. Oynarlarken Melis'in aklına birden çadır kurup kamp yapmak geldi. Heyecanla Ege'ye sordu: "Kamp yapalım mı?"

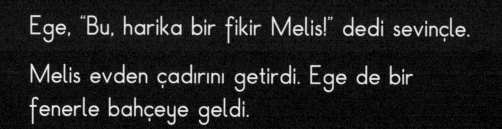

Ege, "Bu, harika bir fikir Melis!" dedi sevinçle.

Melis evden çadırını getirdi. Ege de bir fenerle bahçeye geldi.

İki arkadaş birlikte çadırı kurup içine girdiler. Fenerin ışığında kitapların resimlerine baktılar.

Melis çadırdan başını uzatıp "Ege, gökyüzünde ne kadar çok yıldız var!" dedi. Tam o sırada çok garip bir şey oldu. "Sen de gördün mü?" diye sordu Melis.

Ege de "Evet gördüm, yıldız kaydı!" dedi.

Yanlarına gelen Ahmet Dede merakla sordu:
"Ne oldu çocuklar?"

Melis heyecanla, "Dede,
yıldız kaydı!" dedi.

Dedesi gülümseyip
yıldızlarla dolu
gökyüzüne baktı.

Melis, "Keşke, yıldızları ve Ay'ı daha yakından görebilseydik." dedi.

Dedesi, "Bir teleskopla gökyüzünü daha yakından görebilirsiniz." dedi.

Ege merakla sordu: "Peki, teleskobu nereden bulacağız?"

Ahmet Dede, "Yarın çarşıya gidip bakarız." dedi.

Ertesi gün teleskop satılan bir dükkâna gidip fiyatını sordular.

Ahmet Dede dükkândan çıkınca "Çocuklar üzgünüm." dedi. "Teleskoba param yetmiyor."

İkisi de çok üzüldü. Ege, "Kumbaramda biraz para olacaktı." dedi.

Eve dönünce kumbaralarındaki paraları saydılar. Ama yine de paraları bir teleskop almaya yetmiyordu. Onlar da para biriktirmeye karar verdiler.

Ertesi gün Melis, annesi ile pazara gitti. Dolaşırlarken annesi bir tişört beğendi. Melis'e sordu: "Bu tişört sana çok yakışır, alalım mı?"

Melis cevap verdi: "Yeterince kıyafetim var anneciğim."

Annesi hem şaşırmış hem de çok mutlu olmuştu. "Aferin Melis. O zaman bu para senin olsun, dilediğin bir şeyi alırsın." dedi.

Ege'nin babası internetten güneş gözlüğü bakıyordu. Ege'ye sordu: "Oğlum, bu gözlüğü alalım mı sana?"

Ege, "Zaten bir gözlüğüm var." dedi.

Babası şaşırıp "Haklısın, israf olmasın." dedi.

Ege merakla sordu: "Baba, israf ne demek?"

Babası, "İhtiyacımızdan fazlasını aldığımız her şey israftır." dedi. "Kumbaranı getir de gözlüğe vereceğimiz parayı kumbarana atalım."

Melis ile Ege çok geçmeden istedikleri parayı biriktirdiler ve bir teleskop satın aldılar.

Hemen o gece parlayan yıldızları teleskopla izlediler. Yıldızlar sanki yanlarında gibiydi.

Melis teleskop ile gökyüzüne bakarken "Yıldız kaydı!" diyerek sevinçle zıpladı.

Ahmet Dede yıldızları izleyen iki arkadaşın fotoğrafını çekti. Çekilen bu fotoğrafı da sevinçle fotoğraf günlüklerine yapıştırdılar.

Dans ederek başladılar şarkı söylemeye.

Haydi, onlar ile birlikte sen de söyle!

İsraf Etme

Bir tane yeterse,
Gerek yok ikinciye
Elindeki yeniyse,
Kullan onu gerekirse.
Al ihtiyacın kadar,
Azı karar çoğu israf.
İsraf etme biriktir.
Belki bir gün gerekir.
Kalanı çöpe atma,
Sakla onu yarına.
Lambaları boşuna yakma.
Suyu çok çok akıtma.